CHRAMNE

TRAGÉDIE EN CINQ ACTES,

PAR

ARNOULD RICQUER.

1852

PARIS

MICHEL LEVY, FRÈRES, LIBRAIRES-ÉDITEURS,

RUE VIVIENNE, 1, BIS.

CHRAMNE,

TRAGÉDIE.

DU MÊME AUTEUR:

ELOGE DE JEAN-BART, poème, brochure in-8°.

Dunkerque. — Imprimé par C. Drouillard,
rue des Pierres, 7.

CHRAMNE,

TRAGÉDIE EN 5 ACTES,

PAR

Arnould Ricquer.

PARIS

MICHEL LEVY FRÈRES, LIBRAIRES-ÉDITEURS,

RUE VIVIENNE, 2 BIS.

1852

PERSONNAGES:

CLOTAIRE, roi de France.

CHRAMNE, fils de Clotaire.

AULUFLÈDE, épouse de Chramne.

RADÉGONDE, confidente d'Auluflède.

GRIMOALD, ancien grand des Gaules, ministre de Clotaire.

RAINFROY,
BERTHOLD, } anciens grands des Gaules.

BERTHE, fille de Rainfroy.

FRÉDÉGONDE, dame de la cour.

CONJURÉS.

GARDES.

SPECTRES.

CHRAMNE,

TRAGÉDIE.

ACTE PREMIER.

La scène est le fond d'une forêt. A l'entrée de la nuit.

—

Scène première.

RAINFROY, BERTHOLD.

RAINFROY.

Quelle joie en mon cœur excite ta présence !
Je m'affligeais déjà d'une si longue absence,
Toi, mon seul confident aux jours de ma douleur,
Il me faut te chercher quand brille mon bonheur.
Laisse-moi, dans ton sein, épancher mon ivresse,
Ce plaisir concentré d'un trop grand poids m'oppresse.

BERTHOLD.

Cher Rainfroy ! se peut-il ? quoi ! ce ciel orageux...
Je vous avais laissé pourtant si malheureux.

RAINFROY.

Possédant aujourd'hui tous les biens de la vie,
Au plus heureux mortel je pourrais faire envie.

BERTHOLD.

Le dirai-je? vos yeux démentent ces propos.

RAINFROY.

Me faut-il t'expliquer jusques aux moindres mots?

BERTHOLD.

Ce ton mystérieux, cet étrange sourire,
Cette bouche qui rit et ce cœur qui soupire,
Tout sert à propager le trouble en mes esprits.

RAINFROY.

Quand j'ai dit mon bonheur, ne m'as-tu pas compris?

BERTHOLD.

Si vous vous abusiez...

RAINFROY.

       J'admire ta surprise.
Qui pourrait soupçonner ma secrète entreprise,
Quand toi, le plus habile à lire dans mon cœur,
Tu n'as pu deviner où tendait mon ardeur?

BERTHOLD.

Si je saisis le sens de cette confidence,
Vos maux n'ont point cessé.

RAINFROY.

       Non, non; mais la vengeance
Réchauffe mes esprits et rayonne à mes yeux;
Son éclat m'éblouit, resplendit en tous lieux,
Fait presque évanouir, ami, l'ignominie

Que sur mon front ridé grava la tyrannie ;
Je ne songe plus même à ce désert affreux
Qu'a creusé dans mon cœur un destin rigoureux.
Quand biens, épouse, enfants ravis à ma tendresse,
Ne laissent devant moi qu'une triste vieillesse,
Croirais-tu que plongé dans un tel dénûment
Je m'attache à la vie encor résolument.
O mort! d'un jour diffère à frapper ta victime !
Laisse-moi dans le sang laver un si grand crime,
Laisse-moi déchirer le sein de mon bourreau,
Satisfait j'entrerai dans la nuit du tombeau !

BERTHOLD.

A ce prompt changement j'étais loin de m'attendre,
Et d'un profond regret je ne puis me défendre.
Quels mots je viens, ô ciel, d'entendre prononcer !
A tous nos plans, Rainfroy, faudrait-il renoncer ?

RAINFROY.

Sois plus juste envers moi. La Gaule, en sa détresse,
Réclame le concours d'une ardente jeunesse ;
De mes ans affaiblis vous êtes tous témoins.
Que peut faire au complot un bras tremblant de moins ?

BERTHOLD.

O fâcheux contretemps ! ô funestes rancunes !
J'espérais voir finir nos longues infortunes ;
Dans tous les cœurs aigris contre un cruel pouvoir
Je venais d'attiser le sombre désespoir ;
Tout joyeux, je voyais des conjurés le nombre

Se grossir à ma voix, et se presser dans l'ombre ;
Déjà même les chefs, pleins d'un noble courroux,
Pour hâter le moment avaient pris rendez-vous ;
Je les attends ici. Mais un destin contraire,
Quand tout est concerté, se plaît à tout défaire.
Sur nos vrais intérêts me serais-je abusé ?

RAINFROY.

Ce terrible instrument en mes mains déposé,
Ce peuple tout entier uni par ses souffrances,
M'aiderait mieux peut-être à venger mes offenses,
Si l'orage qui gronde amassé dans mon cœur,
Tout prêt à s'échapper, ne craignait la lenteur.
Mais puis-je différer, quand Grimoald lui-même
S'engage à me livrer, sur son honneur suprême,
Mon mortel ennemi ?

BERTHOLD.

       Grimoald ! c'est sur lui
Que vous vous reposez ? N'a-t-il pas assez nui
A nous, à vous surtout ?

RAINFROY.

       Il s'est fait le complice
D'un barbare tyran, mais par pur artifice ;
Pour sauver son pays n'ayant que ce moyen,
De l'excès de ses maux il veut tirer son bien.

BERTHOLD.

Il nous fait prodiguer et l'injure et l'outrage

RAINFROY.

Pour forcer les Gaulois à sortir d'esclavage.

BERTHOLD.

Rien n'est plus confiant qu'un aveugle courroux !

RAINFROY.

D'affranchir mon pays je suis non moins jaloux.

BERTHOLD.

Pourquoi donc nous ravir la brillante espérance
Que faisait concevoir votre rare prudence ?

RAINFROY.

Non, les Gaulois, Berthold, ont tous les yeux sur toi.
Dans l'état où je suis, que puis-je faire, moi ?
Mon sang frémit d'horreur aux cris de ma famille,
J'entends gémir là-bas, j'entends gémir ma fille !
Oh ! je l'arracherai de vos infâmes mains,
Roi féroce entouré de tigres inhumains !
Clotaire a pu long-temps du sang de ses victimes
S'abreuver à longs traits, et s'enhardir aux crimes ;
Dans ses plus grands excès, sûr de l'impunité,
Il donne un libre cours à sa perversité ;
Qui pourrait résister à ce monstre farouche ?
On tremble à chaque mot que prononce sa bouche.
Mais aujourd'hui le ciel, témoin de nos tourments,
A remis à mon bras ses justes châtiments ;
Je vois le doigt de Dieu qui me montre la route,
Qui suit ce guide sûr jamais rien ne redoute.

Comptant sur son appui, je vole, l'œil baissé,
Au milieu des périls où son bras m'a poussé.

BERTHOLD.

Si telle est votre ardeur pour ce parti funeste,
Mon devoir près de vous exige que je reste,
Pour mieux sonder l'abîme où vous voulez courir,
Ensemble l'affronter, nous sauver ou périr.

RAINFROY.

Ou périr... toi ! Ce mot refroidit ma colère.
Si je suis ton ami, la patrie est ta mère !
Vis, vis pour elle, toi, son meilleur défenseur.

BERTHOLD.

Ennemis déclarés d'un pouvoir oppresseur,
Nous avons voué tous une implacable haine
A d'odieux tyrans. Un serment nous enchaîne.
Nous, chefs, nous désignés pour prêcher l'union,
Ouvrirons-nous la porte à la division ?
Rendez votre entreprise et plus haute et plus sainte,
Du zèle de l'Etat qu'elle porte l'empreinte.
Et pour vous surpasser par un sublime effort,
Renoncez à l'attrait de venger votre tort.
Reprenez... Grimoald de quelque heureux présage
Nous laisse deviner l'espoir sur son visage.

Scène deuxième.

BERTHOLD, RAINFROY, GRIMOALD.

GRIMOALD.

A nos hardis desseins la fortune sourit,
La foi dans le succès exalte mon esprit;
Tout présage à la Gaule un avenir prospère!
Chramne sert notre cause en attaquant son père;
Clotaire a tellement ulcéré tous les cœurs,
Qu'amis, parents, enfant repoussant ses faveurs,
N'aspirent qu'à trahir un roi cruel, avide;
La haine veille seule autour de ce perfide.
Mais que dis-je? sa mort coûtera peu de sang,
Rainfroy pour le frapper se met au premier rang.

BERTHOLD.

Je crois que tu nous perds, arrache-moi ce doute.

GRIMOALD.

J'ai dû pour nous sauver me frayer cette route.

BERTHOLD.

Pour miner son pouvoir, tu devais l'affermir?

GRIMOALD.

A force de succès il fallait l'endormir.

RAINFROY.

Ces mots font éclater, Berthold, son âme pure.

BERTHOLD.

D'ailleurs, le juste ciel foudroîra le parjure.

GRIMOALD.

Pour mieux vous rassurer, je crois, j'espère en Dieu ;
J'adore, en vous parlant, sa présence en ce lieu.

RAINFROY.

Et quand de tant de coups sa tête est menacée,
Ce tyran vit en paix ! Lis-tu bien sa pensée ?

GRIMOALD.

Sachant combien je veille à ses chers intérêts,
Peut-il me soupçonner de taire des secrets ?
Son cœur m'est tout ouvert ; s'il avait quelque crainte,
Il ne sait point user avec moi de contrainte.
Clotaire est effrayé de son isolement,
Il désire d'un fils le doux embrassement ;
Il lui faut à tout prix sa présence si chère,
Lui seul peut adoucir son existence amère ;
Il ne peut plus long-temps souffrir cet abandon,
Il tend vers lui les bras ouverts pour le pardon.

RAINFROY.

Mais si Chramne cédait, si les larmes d'un père
Amollissaient jamais ce fougueux caractère ;
Si l'amour se glissait dans leurs cœurs désunis,
Nos plans du même coup seraient anéantis.

GRIMOALD.

Que parlez-vous d'amour ! Cette maudite race

De si doux sentiments offre-t-elle une trace?
Rien ne peut assouvir sa soif du sang humain,
Tant de meurtres n'ont pu lasser encor sa main.
Les enfants de Clovis, trop dignes d'un tel père,
Sont venus, après lui, combler notre misère;
Nos maux semblent pourtant à souffrir moins affreux,
En voyant nos bourreaux se déchirer entre eux.
Voyez-les accourir tout fumants de carnage...
Contre quels ennemis ont-ils tourné leur rage?
Contre leurs trois neveux... Dans le suprême rang,
Ce qu'on pardonne moins sont les liens du sang.
Et vous voulez que Chramne, à lui-même infidèle,
Contre un père qu'il hait cesse d'être rebelle !
Non ; je le vois de près, je puis l'interroger,
Dans ses profonds replis mon œil a su plonger.
Les plus saints des devoirs n'ont sur lui nul empire ;
Régner, c'est là son vœu, c'est régner qu'il désire.

RAINFROY.

Je l'avoue, un instant mon cœur mal affermi
A redouté de voir mon horrible ennemi
Echapper à ma rage, en efforts épuisée.
Une terreur subite a troublé ma pensée.
Le ciel refusait-il d'être le protecteur
De l'innocent, armé contre un profanateur
De ce que les humains ont de plus cher au monde ?
Avait-il fait parler sa sagesse profonde ?
Fallait-il renoncer à mes desseins secrets,
Et ronger dans l'oubli mes impuissants regrets ?

C'était là mon souci.

GRIMOALD.

Dissipez ces alarmes.
Tout subit, tout ressent le pouvoir de mes charmes ;
J'ai si bien fasciné les yeux de nos soldats,
Que voyant Chramne en vous, ils guideront vos pas.

BERTHOLD.

Qui pourrait accueillir une telle méprise ?
Son air, ses traits, son âge...

GRIMOALD.

Est-il une surprise
Qu'on ne puisse tenter sur de crédules gens,
Sans cesse à la merci d'esprits intelligents ?
D'ailleurs, j'ai su gagner tous les chefs des cohortes,
Pour ménager l'accès, eux-mêmes sont aux portes ;
Une crainte les tient, c'est qu'au sein du palais
L'éveil ne soit donné par de trop longs délais.
Ménagez les moments.

RAINFROY.

A leur impatience
Hâte-toi d'annoncer ma prochaine présence.
Ce jour même, ils verront partir les premiers coups
De ce bras, libre enfin de servir mon courroux.

Scène troisième.

BERTHOLD, RAINFROY.

BERTHOLD.

S'il faut vous parler vrai, je crains un tel complice
Qui sait pousser si loin la ruse et l'artifice ;
Plus je cherche son but, plus je crois entrevoir
Qu'il entretient en lui le criminel espoir
De se servir de nous pour fonder sa fortune.
Qui sait ? notre repos peut-être l'importune ;
En dévoilant au roi ce complot menaçant,
Il rend de ses rivaux tout effort impuissant.

RAINFROY.

Ton âme, je le vois, en soupçons trop fertile,
Au plus beau dévoûment cherche un secret mobile ;
En eût-il en effet... il se faut résigner
A subir des appuis qu'on ne peut éloigner.
Trop de précaution dégénère en faiblesse.
Tu crains sa trahison, j'admire son adresse.
Un pas, un pas encor, et je me vois vengé,
Et je fuirais la voie où je suis engagé,
Et je reculerais près d'atteindre le faîte,
Mon bras s'arrêterait étendu sur sa tête !
Mais je ne suis qu'un homme.

BERTHOLD.

                    Avec bien plus d'éclat
Vous pourriez vous venger et relever l'Etat.

Au lieu de dissiper tant de vertus brillantes
Pour apaiser la soif de vos haines bouillantes,
Profitez de l'horreur qu'inspirent aux Gaulois
De farouches vainqueurs, loups échappés des bois,
Promenant devant eux le meurtre et le pillage,
Sans trouver nulle digue à tant de brigandage.
Vos maux seuls ont-ils droit de toucher votre cœur?
Ecrasons tout entier ce peuple ravageur
Qui, sur le sol conquis, pour mieux graver sa trace,
En a de flots de sang inondé la sarface.

RAINFROY.

Enfant, je fis serment d'effacer nos revers.
Que de fois j'ai voulu briser d'ignobles fers !
Je n'ai point attendu, pour remplir ma promesse,
Qu'un corps plus vigoureux remplaçât ma faiblesse ;
A ma bouillante ardeur donnant un libre cours,
Ma jeune âme enflammait, par de mâles discours,
Les esprits abattus dont le vent des tempêtes
Sous un joug odieux courbait les humbles têtes.
D'un prompt soulèvement les rapides progrès
Me faisaient augurer les plus heureux succès.
Mais ce peuple, oubliant les vertus de ses pères,
Enervé sous le poids de ses longues misères,
Ne put, quand il fallut affronter le trépas,
Secouer les liens de ses débiles bras.

BERTHOLD.

Le temps a tout changé ; le temps, ce grand remède
Qui dérobe à nos yeux les moyens qu'il possède

De faire luire au peuple éprouvé par la croix,
Le moment solennel de rentrer dans ses droits.

RAINFROY.

L'espoir, prisme attrayant, aux jeunes yeux scintille ;
Hélas !... Je m'enfermais au sein de ma famille,
Quand l'infâme Clotaire, envieux de mon sort,
Dédaignant de choisir une commune mort,
Par un raffinement inouï dans le crime,
Voulut, par mille morts, torturer sa victime.
Non content d'immoler à son brutal amour
Un ange descendu du céleste séjour,
Elevé sous les yeux du modèle des mères,
Pour faire un jour l'orgueil du plus heureux des pères ;
Il charge des bourreaux de meurtres affamés,
Par l'espoir du butin au carnage animés,
De fondre en même temps, et de venir sur l'heure
En un hideux charnier transformer ma demeure.
Les sanglots d'une mère arrachée à mes bras,
Priant, le cou tendu, d'éloigner le trépas
De ses tendres enfants, victimes innocentes,
Ne peuvent tempérer leurs fureurs enivrantes.
J'ai vu ces scélérats, tout couverts de mon sang,
Sous mes yeux, de ma femme ouvrir le chaste flanc,
Troupe d'affreux vautours s'abattre sur leur proie,
Couvrir ses cris perçants de mille cris de joie.
Alors, Dieu, seul témoin du plus grand désespoir,
J'invoquais à grands cris ton éternel pouvoir
D'accourir au secours d'un époux et d'un père !

Il vient... et je fuirais!... Dérision amère!
Non; vous serez vengés, chers et tendres objets;
Vous avez pour garants mes éternels regrets!
Je verrai ce tyran... Mais, ami, le temps presse;
A tes nobles projets tout entier je te laisse.
Déjà les conjurés, dociles à ta voix,
S'empressent d'accourir de différents endroits.

Scène quatrième.

BERTHOLD, CONJURÉS.

BERTHOLD.

C'est vous, braves amis, vous dont l'âme intrépide
N'aspire qu'à chasser un étranger perfide
Du sol qu'il a trempé de notre plus pur sang.
Haine, haine éternelle à tout ce peuple franc!
Vous frémissez d'espoir... j'en accueille l'augure!
Aide-nous, Dieu puissant, à venger notre injure;
Tu nous vois suppliants aux pieds de ton autel.
Jurons tous, oui, faisons le serment solennel
De nous immoler tous pour sauver la patrie.

TOUS LES CONJURÉS.

Oui, tous, nous le jurons.

BERTHOLD.

                    Cette mère chérie
Meurtrie, ensanglantée, en longs habits de deuil,
Entr'ouvert sous ses pas pleure sur son cercueil.

Elle implore nos bras !

LES CONJURÉS.

                    De nous qu'elle dispose.
Mourir, en la sauvant, quelle plus belle chose.

BERTHOLD.

Non, tout n'est pas perdu ! Prompts à se déchirer,
Dans leur sang nos bourreaux vont se désaltérer ;
Chramne veut détrôner son vieux père lui-même.
Il nous faut profiter de ce moment suprême ;
Laissons-les s'engager dans ce combat fatal
Pour briser notre chaîne, et donner le signal
D'un vaste embrasement ; que notre voix puissante
Remuant toas les cœurs, répande l'épouvante
Parmi nos fiers vainqueurs à leur tour désunis.
De si pieux efforts du ciel seront bénis !

UN VIEILLARD.

Sous nos coups trop tardifs que l'étranger succombe,
Je verrai sans regrets s'ouvrir pour moi la tombe !
Puissé-je voir enfin tant de crimes vengés !
Nos champs par ces brigands tant de fois ravagés,
Le désespoir, la mort au sein de nos familles,
Nous voyant arracher nos femmes et nos filles,
Tant d'horreurs qu'on ne peut sans frémir rapporter,
C'est à nos seuls discords qu'il faut les imputer.
Rappelons en nos cœurs les vertus de nos pères ;
Romains, Grecs et Persans rendus leurs tributaires,
L'univers à leur nom reculant de terreur,

Que ces grands souvenirs enflamment notre ardeur!
D'insolents ennemis effaçons les souillures,
De leur sang recouvrons leurs empreintes impures.
Levons-nous et marchons.

UN AUTRE CONJURÉ.

                    Il n'est pas un Gaulois
Qui ne brûle d'agir, et d'obéir aux lois
Du chef audacieux qu'ils ont mis à leur tête.
De nos droits que Berthold assure la conquête

BERTHOLD.

Oui, j'en jure par toi, Brennus, illustre enfant
Que la Gaule applaudit de Rome triomphant;
Par vous, nobles héros, que l'histoire renomme
Les plus fiers ennemis de cette même Rome!
Nous sentons battre en nous le cœur de nos aïeux
Qui ne redoutaient rien que la chûte des cieux;
Qui, dédaignant d'user des armes ordinaires,
Luttaient sans bouclier contre leurs adversaires.
Nous vous imiterons, fils de la liberté,
Dont dix ans de revers prouvent la fermeté.
O mânes glorieux, inspirez nos courages!
Un essaim de bandits gardent nos héritages;
Sachons les leur ravir. Il faut nous séparer.
A demain, dans ce lieu. Je vais tout préparer.

Scène cinquième.

BERTHOLD *seul.*

BERTHOLD.

Viens embrâser nos cœurs, ô Liberté chérie,
O toi, divin présent, âme de la patrie !
Ceux qui s'arment pour toi, pour prix de leurs efforts,
Eprouvent sous tes lois d'indicibles transports.
Sans toi, tout est plongé dans une nuit profonde;
Un seul de tes rayons vient ranimer le monde.
Ton nom seul fait pâlir des maîtres insolents,
Ils sentent s'engloutir sous leurs trônes croulants.
Le peuple, en te voyant, sent expirer ses haines ;
Il lève au ciel ses bras dégagés de leurs chaînes
Pour bénir le Très-Haut qui, du divin séjour,
Répand sur les mortels les flots de son amour.
A ta voix, tes amis, protégés par ton ombre,
S'élancent au combat, sans calculer le nombre ;
Quelquefois obscurci, ton culte est éternel ;
Au fond d'un noble cœur tu trouves un autel.

FIN DU PREMIER ACTE.

ACTE DEUXIÈME.

La scène est la demeure de Chramne.

Scène première.

AULUFLÉDE, RADÉGONDE.

RADÉGONDE.

Quoi! sur vos traits flétris j'aperçois la tristesse,
Quand je comptais y voir éclater l'allégresse!
J'apprends que le destin, las de vous tourmenter,
Suspend enfin ses coups. Pour vous féliciter,
Je me fais un devoir d'arriver la première,
De cet honneur si doux me sentant toute fière ;
Et lorsque je m'attends à me voir, en ces lieux,
Accueillie avec joie et d'un front radieux,
Mes regards sont frappés de ce sombre nuage
Qui, comme un drap de mort, couvre votre visage ;
C'est toujours le même œil aux larmes condamné,
Que ne peut éclaircir un jour plus fortuné.
Doutez-vous du bonheur que le ciel vous envoie?
Quelque vague soupçon retient-il votre joie ?
Oh! si vous aviez vu les pleurs de votre époux !
Comme il me suppliait, tout tremblant, à genoux ;

Fléchis-la, disait-il .. Espérez...

AULUFLÈDE.

> Que j'espère !
Sans doute, avec amour, j'entretiens ma misère?
Que de fois, ébloui de ces lueurs d'espoir
Qui brillaient au matin pour s'éclipser le soir,
Mon cœur, toujours trop prompt à se laisser séduire,
Plus malheureux a vu ses rêves se détruire.
Tant de déceptions ont ébranlé ma foi.
A mes pleurs éternels, va, laisse, laisse-moi !

RADÉGONDE.

Mais cette fois, du moins, la dure expérience
A dû de votre époux accroître la prudence ;
Et, si j'en crois ses yeux, Chramne est bien résolu
A montrer pour son père un respect absolu.

AULUFLÈDE.

Je voudrais l'espérer ; mais je dois le connaître.
De ses penchants fougueux fut-il jamais le maître?
Son cœur est une arène où mille passions
S'arrachent à l'envi ses résolutions.

RADÉGONDE.

Il faut vous applaudir de cet esprit mobile
Qui, s'arrachant au mal, deviendra plus docile
A vos sages conseils qu'il réclame en ce jour,
Qu'il apprécie enfin votre sublime amour.

AULÛFLÈDE.

Souvent, pour l'attirer, recourant à l'adresse,
Je feignais de gémir sur son peu de tendresse,
Lui reprochant d'agir en criminel époux,
De garder ses serments se montrant peu jaloux.
De mes plaintes touché, les yeux baignés de larmes,
Il se frappait le front, foulait aux pieds ses armes,
Dans ses transports d'amour m'étreignait sur son cœur :
« Pourquoi chercher si loin, disait-il, un bonheur
» Que je puis près de toi respirer sans mélange,
» Mollement abrité sous les aîles d'un ange.
» C'en est fait, je renonce à tous mes vains projets ;
» Je veux dorénavant couler mes jours en paix,
» Dans les bras d'une épouse et si tendre et si chère ;
» Remplir tous mes devoirs et d'époux et de père ;
» De mes vœux criminels te jurant l'abandon,
» Par mes soins assidus mériter mon pardon. »
Juge quels sentiments en moi devait produire
Ce discours que sa voix se plaisait à redire !
Pouvais-je appréhender que de si beaux serments
Allaient s'évanouir emportés par les vents ;
Qu'à l'instant où ces mots s'échappaient de sa bouche,
Se livrant tout entier à son humeur farouche,
Dans de nouveaux périls brûlant de s'élancer,
Il fuirait mes regards, trop sûr de m'offenser.
Et je pourrais encor, grossièrement crédule,
Me bercer d'un espoir désormais ridicule !
Non. J'aspire à trouver, résignée à mon sort,
Un refuge assuré... dans les bras de la mort.

RADÉGONDE.

Mais quand un seul regret, une simple prière
A pu faire courber cette tête si fière,
Vous ne comptez pour rien ce triomphe inouï !
Que dis-je ? tout espoir se trouve évanoui,
Si ce cœur, triple airain, ombrageux, intraitable,
A vos moindres désirs ne se montre exorable.
C'est par trop exiger ! Redoublez vos efforts,
Faites de votre esprit agir tous les ressorts.
Cherchez à l'éblouir, intéressez sa gloire,
Faites luire à ses yeux le prix de sa victoire,
Il bénira ses fers. , A ma trop faible voix
L'habile Grimoald vient donner plus de poids.

Scène deuxième.

GRIMOALD, AULUFLÈDE, RADÉGONDE.

GRIMOALD.

Le ciel a pris pitié de vos longues alarmes,
Madame, et nous verrons enfin sécher vos larmes.
Chramne désabusé doit venir en ces lieux
Implorer son pardon, et fléchir vos beaux yeux,

AULUFLÈDE.

Il vient sans doute encor déplorer ses injures,
Tout prêt à se souiller par de nouveaux parjures,

GRIMOALD.

Vous croyez ce projet perfidement conçu ?

AULUFLÈDE.

Assez et trop de fois mon espoir fut déçu.

GRIMOALD.

Moi qui connais trop bien son humeur inquiète,
Je n'ai pu m'affranchir d'une crainte secrète
Qu'un caprice subit ne vînt bouleverser
Ces sentiments nouveaux qu'il venait m'annoncer.

AULUFLÈDE.

Ne s'est-il pas joué, l'ingrat, de ma tendresse ?
Recula-t-il jamais devant une promesse ?
Il se disait en proie aux plus affreux soucis,
Moi seule je pouvais dissiper ses ennuis.
Je le croyais sincère, il riait de ma flamme.

GRIMOALD.

Il fuyait emportant le trouble dans son âme.
Ses pensers malgré lui suivent un autre cours,
Sans cesse à son esprit reviennent vos discours.

AULUFLÈDE.

Vantez de mes discours les effets salutaires.
Ont-ils su réprimer ses projets téméraires ?
Je lui parlais encor, qu'on le vit recourir
Aux criminels complots qu'il promettait de fuir.

GRIMOALD.

N'oubliez pas non plus combien ce caractère,

A lui-même inconnu, de tout autre diffère ;
Ce serait s'abuser de croire qu'un moment
Eût suffi pour le voir changer complètement ;
N'allons pas rechercher un succès impossible,
Ni vouloir tout d'un coup, sur ce cœur irascible,
Exercer forcément un empire étendu :
Au lieu de le brusquer, il veut être attendu.
Votre œuvre est commencée, et vous avez, sans doute,
Trouvé, pour réussir, la véritable route,
Puisque vous avez su, par vos seuls entretiens,
L'amener à goûter de plus solides biens.

AULUFLÈDE.

Pourquoi troubler le calme où je suis résignée ?
Je sais la fin cruelle à mes maux assignée !

GRIMOALD.

Sous l'espoir d'appliquer un remède à vos maux,
Craignez de trop aimer un coupable repos.

AULUFLÈDE.

Ces doutes renaissants augmentent ma misère,

GRIMOALD.

Ignorez-vous jusqu'où vont vos devoirs de mère ?

AULUFLÈDE.

Que dites-vous ? mon Dieu ! je n'aime pas mes fils !
Quel mot ! mon front se rompt, pour qui donc je gémis !
Plus que tous vos discours ce reproche me touche,

CHRAMNE.

Une mère n'eût pu l'arracher de sa bouche.
Qu'exigez-vous ? parlez, pour faire leur bonheur,
Me faut-il étouffer tout soupçon dans mon cœur ?
Eh bien ! oui, j'y consens ; j'accuse ma faiblesse,
Je saurai me forcer à croire à sa tendresse.

GRIMOALD.

Par ma voix il vous jure un sincère retour.

AULUFLÈDE.

J'ai toujours écouté la voix de mon amour.
Tout, en moi, tout se tait. Cette douce parole
A peine en l'effleurant sur mon cœur glisse et vole;
Je sens, je sens encor mon chagrin ravivé,
Le moment d'espérer n'est donc point arrivé !

GRIMOALD.

Quand rencontrerez-vous un moment plus propice ?
Tout semble conspirer pour vous rendre service.
Clotaire appelle à lui ses enfants à grands cris,
Chramne exècre, maudit sa haine et ses mépris.
Hâtez-vous de jouir du plus bel apanage
Que la femme ait reçu du ciel en héritage ;
Celui de ramener, à force de douceur,
Un époux repentant au sentier du bonheur.

AULUFLÈDE.

Tant d'essais malheureux sont une sûre preuve
De l'inutilité d'une nouvelle épreuve.
Toutefois je consens, selon votre désir,

A poursuivre un fantôme impossible à saisir.

GRIMOALD.

Je n'attendais pas moins de ce cœur débonnaire
Qui n'est heureux qu'autant qu'il puisse nous complaire.
Jour fortuné ! je cours avertir votre époux,
Il lui tarde si fort de voler près de vous !

Scène troisième.

AULUFLÈDE, RADÉGONDE.

AULUFLÈDE.

Pars, évanouis-toi, trop sombre défiance.
Glisse-toi dans mon âme, ô candide espérance !
N'ai-je pas éprouvé la somme des douleurs ?
Le ciel ne doit-il pas un prix à tant de pleurs ?
Mais ne pas espérer, ce serait faire offense,
O mon Dieu ! n'est-ce pas ? à ta toute puissance.
Ta grâce a lui pour Chramne. Un avenir heureux
Se lève étincelant, charme, éblouit mes yeux.
Viens, accours, cher époux, entends-moi, je t'appelle,
Tu ne m'as point quittée, ami toujours fidèle !
Tu n'as fait que verser, modèle des humains !
Sur mes limpides jours la joie à pleines mains....
Si tout cela n'était qu'une nouvelle ruse,
Qu'un piège affreux... Satan...

RADÉGONDE.

                    Quoi ! votre bouche accuse

Celui qu'elle a béni.

AULUFLÈDE.

Je voudrais, loin des yeux,
Recueillir mes esprits.

RADÉGONDE.

Ils entrent en ces lieux.

AULUFLÈDE.

Dieu puissant, soutiens-moi !.. Que cette tentative
Réveille de soupçons en mon âme craintive.

Scène quatrième.

AULUFLÈDE, CHRAMNE, GRIMOALD.

CHRAMNE.

Coupable au dernier point, ce n'est pas sans combats
Que j'ose, indigne époux, porter ici mes pas.
Quels mots adouciront les profondes blessures
Qu'ont dû laisser en vous mes fréquentes injures ?
Une ardente rougeur me vient couvrir le front,
Quand tout autour de moi m'accuse et me confond.
Quel droit aurais-je encore à votre confiance,
Quand j'ai tout fait pour rompre une douce alliance,
Qui devait de la vie embellir tout le cours,
Que je n'ai fait, hélas ! qu'empoisonner toujours ?

(Grimoald se retire.)

AULUFLÈDE.

Qui pourrait exprimer l'excès de ma misère ?

Moi, fière de marcher épouse, fille, mère
De monarques puissants, à peine un triste abri
Me laisse librement exhaler un long cri,
En voyant mes enfants plongés dans la détresse,
Implorer ma faiblesse en aide à leur faiblesse.

CHRAMNE.

Pauvre femme !

AULUFLÈDE.

Est-il vrai qu'abjurant vos erreurs
Vous vouliez renoncer à toutes vos fureurs ?

CHRAMNE.

S'il en est encor temps, dans cet auguste asile,
Je désire goûter un bonheur sûr, tranquille.
Ce projet, dans mon cœur, fermement arrêté
N'attend que votre aveu pour être exécuté.

AULUFLÈDE.

J'eusse cru mon courroux désormais invincible,
Et ce discours me cause une joie indicible.
Je sens ma fermeté prête à m'abandonner,
Et mon cœur ulcéré ne sait que pardonner.

CHRAMNE.

O comble de bonheur ! épouse incomparable,
De douceur et d'amour trésor inépuisable !
N'était votre clémence après mon abandon,
Quel espoir me restait d'obtenir mon pardon.
J'ai tout fait pour éteindre une si belle flamme,

Et je la vois brûler toujours pure en votre âme.
Permettez que du moins j'embrasse vos genoux.

AULUFLÈDE.

Dans mes bras, sur mon cœur, venez, trop cher époux !
Jurons-nous un amour aussi long que la vie,
Que les anges du ciel nous portent même envie.
Méprisons ces faux biens qu'un attrait séducteur
Etale à nos regards comme le vrai bonheur.
Notre bonheur, c'est nous.

CHRAMNE.

                    Du sort si la malice
De l'esprit ténébreux s'était faite complice,
Par un fatal concours, pour perdre un malheureux ?
Peut-être je serais moins coupable à vos yeux.

AULUFLÈDE.

Le ciel qui prend pitié des âmes abusées,
Qui pèse nos desseins, qui sonde nos pensées,
N'a pu voir, sans courroux et sans frémir d'horreur,
Un fils armer son bras contre son propre auteur !
Sa justice empêcha qu'un projet exécrable
Fût suivi d'un succès horrible, épouvantable ;
Il vous a, malgré vous, du péril préservé,
En renversant vos vœux il vous a conservé.

CHRAMNE.

Je ne puis, sans terreur, songer où la victoire
Aurait poussé mon bras !... O mensongère gloire !
Tu me couvrais les yeux de ton triple bandeau,

Quand je croyais marcher guidé par ton flambeau.
Ah ! j'en bénis du ciel la bonté souveraine,
Mes yeux se sont ouverts, j'ai vu tomber la chaîne
Qui me tenait au crime étroitement lié ;
Amour, honneur, serments, j'avais tout oublié.
Combien je me serais épargné de souffrances,
Si j'avais mieux compris vos sages remontrances !
Mais ces germes féconds jetés dans mon esprit,
Fermentant au contact d'un éternel conflit,
Ne pouvaient s'abîmer; et, pour les faire éclore,
Un moment a suffi.... Ce moment, c'est l'aurore
Qui doit illuminer mon nouveau ciel d'azur
Que je vois réfléter sur votre front si pur.

AULUFLÈDE.

Fais éclater sur nous ta sagesse infinie,
Tout public, ô mon Dieu, ton éternel génie !
Embrase de tes feux et le père et le fils.
Comment en un clin d'œil ont changé ces esprits ?
En moi quels doux transports ce changement fait naître !
Effroi, pleurs, désespoir, tout vient de disparaître.
Cessez, larmes, cessez, j'en ai tant répandu !
Ne mouillez plus mes yeux; mon époux m'est rendu ;
Que d'affreux souvenirs un tel bonheur efface !
Séchez, tarissez-vous, ne laissez nulle trace ;
Ou plutôt changez-vous en ces doux pleurs d'amants
Qui scintillent aux cils, limpides diamants.
Je verrai mes enfants, ô trop heureuse mère !
Délaissés si long-temps, caressés par leur père.
Il me sera permis à toute heure, en tous lieux,

De noyer mes regards mourants dans tes beaux yeux !
Tu consens, dès ce jour, ô Chramne, que je t'aime,
Je puis ouvrir mon âme à ce bonheur extrême ?
C'est de moi qu'il dépend d'en hâter le moment !
Pardonnez à l'ardeur de mon empressement ;
Mais je vole à l'instant rassurer votre père,
Lui dire de son fils le retour volontaire.
Pour raccourir bientôt savourer, dans vos bras,
Les plaisirs renaissants sans cesse sous nos pas.

Scène cinquième.

CHRAMNE, GRIMOALD, RAINFOY.

(Grimoald et Rainfroy arrivent au sixième vers.)

CHRAMNE.

Que devenir ? que faire ? Affliger une épouse
De me rendre au bonheur uniquement jalouse ?
Ou croupir ignoré dans un lâche repos,
Effeuillant ma jeunesse en futiles travaux ?
Mais ce cœur qui bondit, ce cœur si plein de sève,
S'accommodera-t-il d'une trop longue trève ?
Grimoald, je prétends renoncer dès ce jour,
A ces luttes sans fin, à ces soins sans retour ;
Au lieu d'user ma vie au milieu des tempêtes,
Poursuivant, dans le sang, d'odieuses conquêtes,
Je veux donner à tous l'exemple du devoir.

GRIMOALD.

Cet heureux changement, qui l'aurait pu prévoir !

Quel bonheur produira dans tout ce qui vous touche
L'irrévocable arrêt qui sort de votre bouche!
Désormais votre père, à l'abri des complots,
N'aura plus à frémir de vos hardis assauts.
Vous dompté, dans l'Etat il n'existe personne
Qui puisse sur sa tête ébranler sa couronne;
Quand on saura que Chramne au joug est asservi,
Son exemple par tous sera bientôt suivi.

CHRAMNE.

Chramne au joug asservi? qui l'a dit? qui peut croire?
Non, non; le seul soupçon ternirait ma mémoire.

GRIMOALD.

Tâchez donc de fixer cet esprit inconstant,
Pour goûter le repos que vous désirez tant.

CHRAMNE.

Je ne désire rien, te dis-je, que l'empire.
C'est là l'unique but où constamment j'aspire.

GRIMOALD.

Que deviennent dès lors ces projets d'avenir
Qu'Auluflède est en train de faire réussir?

CHRAMNE.

Ne me reproche point ce reste de tendresse,
Seul lien qui m'attache à l'humaine faiblesse;
Quand sur mon sort j'entends Auluflède gémir,
Comme un timide enfant, je me sens tout frémir.
Quoi qu'il en soit, je veux briser ces dures chaînes,

Et que me font à moi quelques nouvelles haines ?
Je pourrais m'abaisser, lâche et faible amoureux,
A consumer ma vie en soupirs langoureux,
A borner mes exploits aux baisers d'une femme,
A craindre d'interrompre une si belle flamme !
C'est à mourir de honte.... A-t-on de nos amis
Réuni tous les noms, recueilli les avis ?
Quelle audace jaillit sur le front de cet homme !

GRIMOALD.

Vous devinez Rainfroy, sans que je vous le nomme.

CHRAMNE.

Rainfroy, par des tourments trop cruels éprouvé.

RAINFROY.

Qu'on a jusqu'à cette heure impunément bravé.

CHRAMNE.

Mais qui dans le secret nourrissait sa colère.

RAINFROY.

Qui fera repentir un tyran téméraire.

CHRAMNE.

Dans vos hardis projets avez-vous quelque foi ?

RAINFROY.

Quand il faut me venger, puis-je douter de moi ?

CHRAMNE.

Jusqu'où prétendez-vous pousser cette vengeance ?

RAINFROY.

Trop de sang ne saurait effacer mon offense.

CHRAMNE.

Vous verseriez le sang de l'auteur de mes jours ?

Devant moi, moi, son fils, tenir de tels discours !
Mais que suis-je à vos yeux ?

GRIMOALD.

Sur moi, votre colère
Doit éclater, moi seul ai réglé cette affaire.

CHRAMNE.

Qui dit ambitieux ne dit pas assassin;
Je veux le détrôner, je ne veux pas sa fin.

GRIMOALD.

Attendez que le temps dans sa tardive course,
Vous offre quelque jour l'ordinaire ressource.

CHRAMNE.

Attendre, je ne puis.

GRIMOALD.

Eh bien ! qu'espérez-vous ?
Qu'il vienne déposer son sceptre à vos genoux ?

CHRAMNE.

Ose m'injurier.

GRIMOALD.

Tant mieux, si mon outrage
Réveille en votre cœur ce trop tiède courage.
Vous m'en remercîrez.

CHRAMNE.

Mais mon sang est son sang.

GRIMOALD.

Les vices, les vertus changent avec le rang.
Le peuple qui poursuit de son horreur le crime,

Verra, sans murmurer, tomber votre victime,
Révèrera du ciel le juste châtiment,
Et bénira du fils l'heureux avènement.

RAINFROY.

Au royal rendez-vous je cours. L'heure est propice.

GRIMOALD.

Un seul fil, j'ai fini d'ourdir mon artifice.

RAINFROY.

Nous perdons en discours des moments précieux.

CHRAMNE.

Hâtons-nous. Je suffoque enfermé dans ces lieux.

GRIMOALD.

Bientôt vous n'aurez plus, ayez-en l'assurance,
De bornes à fixer à votre impatience.

RAINFROY.

Trop de retard pourrait refroidir mon ardeur.

CHRAMNE.

Je crains qu'en me voyant je ne me fasse horreur.

GRIMOALD.

Vous serez satisfaits, en ce jour, l'un et l'autre.
Ma tâche va finir, je vous laisse la vôtre.

FIN DU DEUXIÈME ACTE.

ACTE TROISIÈME.

La scène est le palais de Clotaire.

———

Scène première.

BERTHE, *à genoux.*

J'implore ton secours, ô mon Dieu tout-puissant!
Des trames des pervers tu défends l'innocent.
Comme un faible roseau battu par la tempête,
Sous leurs souffles impurs je sens courber ma tête;
Au milieu des périls guide, soutiens mes pas,
Je ne puis plus lutter si tu m'ôtes ton bras.
Des piéges, chaque instant voit augmenter le nombre,
Impuissant au grand jour, on m'attaque dàns l'ombre.

(Se relevant.)

Mais je saurai braver leurs complots furieux;
Leur suppôt est l'enfer, mon aide est dans les cieux.
O lâches ennemis! allumez votre rage,
Seule avec ma vertu, je fais face à l'orage,
Cette arme me suffit. Malgré votre courroux
Je méprise vos traits, et me ris de vos coups.
Viens chercher à me perdre, ô femme criminelle.

BERTHE, FRÉDÉGONDE.

FRÉDÉGONDE.

Conserves-tu toujours cette haine éternelle ?
Que tu reconnais mal les soins qu'on a pour toi !
Tu peux voir à tes pieds s'humilier ton roi,
Tu peux d'un mot, d'un signe, éclipser en richesses
De l'univers entier les plus grandes princesses ;
Ton intérêt devrait calmer cette douleur
Qui t'obscurcit l'esprit, prolonge ton malheur.

BERTHE.

N'avez-vous point encore appris à me connaître ?
Espère-t-on toujours de mon cœur être maître ?
Qui ne lit mon horreur dans mes regards confus ?
Faut-il renouveler sans cesse mes refus ?

FRÉDÉGONDE.

Le soin seul de ta vie est tout ce qui me touche.
Renonce, enfin, renonce à ton humeur farouche.

BERTHE.

Non, renoncez vous-même à ce trop vain espoir
De m'éblouir les yeux ; je connais mon devoir.

FRÉDÉGONDE.

Eh bien ! n'écoute rien ; va, cours, vole à ta perte.

BERTHE.

Qu'ai-je à craindre, du ciel quand je me vois couverte ?

FRÉDÉGONDE.

Je viens te l'annoncer pour la dernière fois :
Ton amour ou la mort... On te laisse le choix.
Pourrais-tu balancer?

BERTHE.

                    Non, de grand cœur j'accepte.
De mon père j'entends le suprême précepte :
« Pour garder ta vertu sache affronter la mort;
« La vie est un écueil, le ciel est notre port.
« Ne te laisse point prendre aux embûches des hommes,
« Dieu compte seul les jours de tous tant que nous sommes. »

FRÉDÉGONDE.

Ton cœur se flatte-t-il de sortir triomphant
De supplices affreux? Frêle et chétive enfant!
Garde-toi d'encourir la fureur de Clotaire,
Qui pourrait soutenir les feux de sa colère?
Qui pourrait soutenir ce visage hideux,
Et ce sang jaillissant de ses regards vitreux,
Ces grincements de dents, ce front sombre et farouche,
Et ces cris étouffés expirant dans sa bouche?
Que feront tous tes cris perdus dans cette cour?
Je crois voir la colombe aux serres du vautour.
A ses désirs, crois-moi, montre une âme soumise.

BERTHE.

Dieu saura renverser une telle entreprise,
En sa sainte bonté j'ai mis tout mon espoir.
J'entends les pas du roi... Je ne veux pas le voir.

Scène troisième.

FRÉDÉGONDE, CLOTAIRE.

CLOTAIRE.

Eh bien ! comme toujours elle fuit ma présence.
Tes discours n'ont donc pu vaincre sa résistance ?
Voilà jusqu'où s'étend mon pouvoir souverain,
D'une fille, humble esclave, essuyer le dédain !
As-tu bien médité ce qu'il fallait lui dire ?
As-tu mis tout en œuvre afin de la séduire ?

FRÉDÉGONDE.

Vous connaissez mon art.... Je dis la vérité,
Vous la laissez compter sur son impunité.
Donnez-moi sur ses jours une puissance entière,
Vous verrez si je sais dompter cette âme fière ;
Vous verrez si mon bras sait la faire fléchir,
Si dans son fol orgueil elle ose se roidir ;
Le moyen le plus sûr devient inefficace,
Si vous ne joignez pas l'effet à la menace.

CLOTAIRE.

Laisse-moi. J'ai besoin d'un instant de repos.
Mon esprit tout troublé n'entend point tes propos.

Scène quatrième.

CLOTAIRE, *seul*.

Je n'y puis plus tenir... Quelle existence affreuse

Cache sous son éclat la fortune menteuse.
De flatteurs étrangers sans cesse environné,
De mes enfants chéris je vis abandonné ;
On me loue, on m'adule, on m'honore, on m'encense,
Celle pour qui je meurs dédaigne ma présence.
Mais, si je la forçais à plier sous mes lois...
Des sujets doivent-ils résister à leurs rois ?
Des pleurs, un mot, un geste épouvante mon âme.
Contraignons, ou laissons cette honteuse flamme.
C'est peu ; moi, dont le nom sème au loin la terreur,
Je me vois assailli, poursuivi par la peur ;
Mon esprit se détend, et mon cœur devient lâche.
Avant de m'amollir, ai-je rempli ma tâche ?
Faisons-nous redouter, étouffons nos remords,
Fermons l'oreille aux cris assourdissants des morts.
Quelles sont ces clameurs ?

UN SPECTRE.

Bourreau de ma famille.

UN AUTRE SPECTRE.

Roi maudit ! qu'as-tu fait de l'honneur de ma fille ?
Un jour ton cœur de boue épris de ses attraits
Consomma, sous mes yeux, le plus noir des forfaits.

DEUX SPECTRES.

Viens ici, reconnais les enfants de ton frère,
N'avais-tu pas juré de leur servir de père ?
Infâme scélérat, monstre altéré de sang !
Tu plongeas le couteau toi-même dans leur flanc.

CLOTAIRE.

Fuyez, fuyez, fuyez, trop importuns fantômes !
Le sang est le ciment qui fonde les royaumes.
Qui veut régner long-temps ne doit pas l'épargner...

(Les spectres disparaissent).

Régner par la terreur, est-ce donc là régner ?
Ce sang que j'ai versé sans nulle répugnance,
Coule là, sous mes yeux, trouble ma conscience,
M'alarme, m'épouvante et me glace d'effroi.
Je sens qu'il est au ciel un plus puissant que moi.
Qu'il est terrible et fort ce Dieu que l'on offense !
Malheureux le mortel que poursuit sa vengeance !
Que ne m'as-tu, ma mère, étouffé dans ton flanc ?
Je n'aurais pas versé tant de larmes de sang.
Un bruit a retenti... Mon oreille inquiète
Se plait à se forger quelque alarme secrète.
Mais ce bruit se rapproche... Où fuir ? ciel ! c'est la voix
D'une femme... Ma fille ! est-ce toi que je vois ?

Scène cinquième.

CLOTAIRE, AULUFLÈDE.

CLOTAIRE.

Comme le doux rayon qui perce le nuage,
Ton front pur et serein ranime mon courage.
A cette heure, vers moi, qui te fait accourir ?
Que viens-tu m'annoncer ? dois-je vivre ou mourir ?

AULUFLÈDE.

Vivre une vie heureuse, au sein de la famille,
Si vous ouvrez l'oreille aux conseils d'une fille.

CLOTAIRE.

A moi parler bonheur, à moi privé d'amis,
A moi, fui, détesté, menacé par mon fils !

AULUFLÈDE.

Ce fils vous est rendu. Malgré ma défiance,
Je n'ai pu résister à ce ton d'assurance
Qu'il mettait à prouver son tardif repentir.
Il n'attend plus qu'un mot, pour venir accourir
Dans vos embrassements oublier ses misères,
Seul et bien triste fruit de toutes ses chimères.

CLOTAIRE.

Est-ce un ardent désir, est-ce un premier essor ?
Est-ce un piége infernal pour me trahir encor ?

AULUFLÈDE.

Son âme par l'erreur cessant d'être abusée,
Sous le poids du remords se sentait écrasée.
Il ne consultait plus qu'un sombre désespoir,
Il invoquait la mort. Je lui fis entrevoir
L'immense profondeur de la bonté d'un père,
Qui ne cherche qu'à voir désarmer sa colère.
Ma voix a relevé son esprit abattu,
Je l'ai vu s'attendrir, s'ouvrir à la vertu.
Essayez de le vaincre à force d'indulgence,

Que vous a jusqu'ici procuré la vengeance?
Faites, faites cesser ce cruel abandon,
Qui de nous, ici-bas, n'a besoin de pardon ?
Oubliez.

CLÔTAIRE.

N'es-tu pas, enfant, quelque bon ange,
A qui le ciel parfois laisse fouler la fange
De ce monde pétri d'infâmes actions,
Où, mónstres déchaînés, hurlent les passions ?
Du céleste séjour, sur l'aîle de l'aurore,
Viendrais-tu de la part de ce Dieu que j'implore
M'annoncer l'heureux jour où, du sort triomphant,
Je pourrai contempler les traits de mon enfant ?
Oh ! parle, fais couler un baume salutaire
Sur mon cœur tout meurtri ; prends, prends pitié d'un père !

AULUFLÈDE.

Consultez tous vos jours, repassez vos travaux,
Vous vous reconnaîtrez, seul, l'auteur de vos maux.
Dieu laisse à tout mortel diriger sa conduite,
Il juge les moyens et non la réussite.
Ne l'avez-vous jamais justement irrité ?

CLOTAIRE.

Je confesse l'excès de mon iniquité.

AULUFLÈDE.

Et vous voulez dès lors que Dieu vous soit propice ?
Non, non ; sa voix maudit un règne d'injustice.

CLOTAIRE.

On me mettait si haut au-dessus des humains,
Que leur sang, disait-on, ne souillait point mes mains.

AULUFLÈDE.

Ainsi des vils flatteurs à l'âme fausse et lâche
La tourbe corruptrice à tout trône s'attache,
S'appliquant à changer les crimes en vertus,
Pour mieux fouler plus tard les trônes abattus.
Des rois, par leurs conseils, la vie empoisonnée
En transes se consume, et sur leur destinée
Incertains et flottants, ils redoutent de voir
Leur pouvoir chaque jour tomber avant le soir.
Réparez tous vos torts...

Scène sixième.

AULUFLÈDE, CLOTAIRE, BERTHE, FRÉDÉGONDE.

(Berthe poursuivie par Frédégonde accourt se réfugier dans les bras
d'Auluflède).

BERTHE.

A moi Dieu s'intéresse !
C'est Dieu qui vous envoie à mon secours, princesse,
Pour m'arracher des mains de ces tigres affreux.

CLOTAIRE A FRÉDÉGONDE.

Que fais-tu ? qui t'a dit ? Laisse-la, je le veux.

FRÉDÉGONDE.

De mes soins empressés telle est la récompense.

AULUFLÈDE.

Le roi permettra-t-il, sous ses yeux, qu'on l'offense ?

FRÉDÉGONDE.

C'est offenser le roi que savoir obéir ?
Sans doute votre époux sait bien mieux le chérir !

AULUFLÉDE.

Appelles-tu chérir, empoisonner son âme ?
(à Clotaire.)
Chassez loin du palais la courtisane infâme.

FRÉDÉGONDE.

Me chasser, n'est-ce pas ? vous espérez de voir
Un obstacle de moins pour monter au pouvoir.

AULUFLÉDE.

Cet horrible venin que ta bouche distille
Ne saurait point m'atteindre, ô dégoûtant reptile.

FRÉDÉGONDE.

De Chramne venez-vous apporter le serment ?
De ce prince vantez l'éternel dévoûment.

AULUFLÈDE.

Chramne attend son pardon de l'amitié d'un père.

CLOTAIRE.

J'aime à croire, je crois son repentir sincère.

FRÉDÉGONDE.

N'en voulez qu'à vous-même, à votre faible cœur,

De voir mille complots troubler votre bonheur,

AULUFLÈDE.

Aux perfides conseils mon époux trop docile...

FRÉDÉGONDE.

Pour détrôner son roi montre une âme facile.

AULUFLÈDE.

Crois que je ne crains point ton front audacieux.

FRÉDÉGONDE.

Vous sied-il bien de prendre un ton impérieux ?
Qui, de vous ou de moi, défendit mieux l'empire ?

AULUFLÈDE.

Clotaire ignore-t-il qui contre lui conspire,
Qui cherche à soulever tous les cœurs contre lui,
Qui surtout à son sang s'applaudit d'avoir nui ?

CLOTAIRE.

Mon œil craint de plonger au fond de cet abîme,

BERTHE.

Vous vous y perdriez dans les détours du crime.
Cette femme dont rien n'égale la noirceur,
Sut m'inspirer pour vous un tel degré d'horreur,
Que je ne pouvais croire un monstre plus farouche;
Et pourtant quelques mots sortis de votre bouche...

CLOTAIRE.

Ainsi tu me peignais des plus laides couleurs,
Tu me rendais hideux, pour m'attacher les cœurs !

FRÉDÉGONDE.

Attirez près de vous la douce flatterie,
Goûtez, sans nul souci, cette cajolerie
Qui ne veut qu'endormir un vieillard décrépit,
Pour pouvoir à coup sûr maîtriser son esprit.

CLOTAIRE.

C'en est trop, c'est franchir les bornes de l'audace.
Me commander, à moi ! quelle est cette menace ?
Qui peut porter atteinte à mon autorité ?
Réponds, réponds... Tais-toi. Je vois la vérité.
Fuis, de tous mes forfaits compagne trop fidèle,
Tu m'as assez donné de preuves de ton zèle.

(à Berthe.)

Et toi, douce brebis, que j'ai bien fait souffrir,
De tout affront nouveau je saurai t'affranchir ;

(à Auluflède.)

Va, je songe à ton sort... Es-tu, dis-moi, contente ?
Ce triomphe éclatant remplit-il ton attente ?

AULUFLÈDE.

Oui ; le ciel bénira cet heureux changement
Qui donne à votre règne un nouveau fondement.

CLOTAIRE.

Oh ! si Chramne savait combien son père l'aime,
Il se fût à ses yeux présenté de lui-même ;
S'il voyait mes chagrins, s'il connaissait mes pleurs,
Pourrait-il différer d'adoucir mes douleurs?
Qu'il vienne dans les bras de son malheureux père,

Qu'il vienne voir jusqu'où son amitié m'est chère !
Cours, ma fille ! au plus tôt ramène-le vers moi.
Pour voir finir mes maux j'ai plein espoir en toi.
          (Apercevant Grimoald.)
Déjà, ce Grimoald... O trop cruel ministre,
Quel trouble jette en moi ta figure sinistre !
D'où te vient sur mon cœur cet empire absolu ?

Scène sixième.

CLOTAIRE, GRIMOALD.

GRIMOALD *(à part)*.

Frédégonde a dit vrai. Mon rôle est résolu.

CLOTAIRE.

Si je ne consultais que mon impatience,
Je fuirais les conseils de votre expérience ;
Mais je crois, Grimoald, devoir vous prévenir
Que j'ai fixé mon plan, pour n'en plus revenir.
Que de sang j'ai versé pour assurer mon règne !
Un prince est malheureux quand il faut qu'on le craigne ;
Il voit autour de lui se former un désert,
On s'empresse à le fuir, en tremblant on le sert ;
Sitôt le pied posé sur la pente du crime,
Il lui faut entasser victime sur victime ;
Pour lui plus de repos, et le jour et la nuit
Le démon de la mort de ses cris le poursuit.
Autant de mes sujets j'ai su me faire craindre ;

Autant par la terreur j'ai voulu les contraindre,
Autant il me faudra, par un subit retour,
Gagner leur confiance, attirer leur amour.
Je veux que chaque jour quelque bienfait efface
De forfaits inouis la trop sanglante trace.
Vous m'avez entendu. C'est un point établi.
Rien ne doit me coûter pour le voir accompli.

GRIMOALD.

Tous mes ans consacrés à la chose publique
Ont dû me dévoiler le ressort politique
Qui meut et met en jeu, dans le sein des états,
Ces intérêts divers féconds en résultats ;
Et mes cheveux blanchis dans le soin des affaires
Impriment à mes mots des preuves nécessaires.
Oui, qu'un prince montant sur un trône affermi,
Trouvant un peuple en paix, de discorde ennemi,
Travaille à signaler chaque jour de sa vie
Par de sages efforts, par une noble envie
De voir passer son nom à la postérité,
En assurant à tous leurs droits, leur liberté ;
Il verra tous les cœurs à ses efforts sourire,
Et l'intérêt commun soutiendra son empire.
Mais l'état déchiré par les partis flottants,
En tous lieux inondé du sang des combattants,
Voyant, à chaque pas s'avancer sa ruine,
Ne sera délivré du poison qui le mine
Que du jour où, chassant vos appréhensions,
Vous balaîrez d'un coup toutes les factions.

CLOTAIRE.

Eh quoi ! toujours du sang qu'il me faudrait répandre !
Mais j'en suis tout couvert. Sortez, sans plus attendre.

GRIMOALD.

Vous me chassez... Un mot... et de votre courroux
Vous pourrez m'accabler. De grâce, sauvez-vous !

CLOTAIRE.

Me sauver ! Quel péril ? Parlez. De ma surprise...

GRIMOALD.

Vous frémirez d'horreur, si je dis l'entreprise
Que trame contre vous, dans un profond secret,
Tout l'état conjuré de la base au sommet.
Ce n'est plus un parti qui marche avec audace,
Agissant au grand jour, que d'un coup on terrasse ;
Furieux d'avoir vu leurs projets renversés,
Vos ennemis divers en tous lieux ramassés
Concertent leurs moyens avec plus de prudence,
Et préparent leurs coups dans la nuit du silence ;
Semblables aux serpents dans l'ombre ensevelis,
Ils vous étrangleront dans leurs puissants replis.
La soif de se venger contre vous les rassemble,
Tel est le nœud secret qui les unit ensemble ;
Princes, chefs, barons, serfs, leudes, hommes perdus,
Romains, Bretons, Gaulois, se trouvent confondus.

CLOTAIRE.

Mais encor, ce parti doit-il avoir un guide.
Quel est-il ?

GRIMOALD.

C'est Rainfroy.

CLOTAIRE.

Ce Gaulois intrépide?
Je comprends sa fureur. Mes autres ennemis ?

GRIMOALD.

Celui que dans vos bras vous allez...

CLOTAIRE.

Lui ? Mon fils !

FRÉDÉGONDE *(survenant)*.

Je ne peux point partir, confidente infidèle,
Prince, sans vous donner ce gage de mon zèle ;
J'ai surpris Auluflède aux soldats s'adressant.

CLOTAIRE.

Horrible trahison ! Dans ce péril pressant,
Oublions nos griefs. Reste ici, Frédégonde.

FRÉDÉGONDE.

Nous saurons faire face à l'orage qui gronde.

CLOTAIRE.

Oh ! se jouer ainsi d'un père malheureux !

Pour un tel crime est-il supplice assez affreux ?

GRIMOALD.

J'en saurai bien trouver, comptez sur ma parole.

FRÉDÉGONDE A GRIMOALD.

Auluflède saura que c'est moi qui l'immole?

GRIMOALD.

J'ose vous assurer un heureux dénoûment.

CLOTAIRE.

Ingrat, moi, je doutais de votre dévoûment !
Et me venir parler de pardon, de clémence?
Enfants pervers, tremblez, vous verrez ma vengeance !

FIN DU TROISIÈME ACTE.

ACTE QUATRIÈME.

La scène est la demeure de Chramne.

Scène première.

AULUFLÈDE, RADÉGONDE.

RADÉGONDE.

Je ne demande rien ; oh ! je lis dans vos yeux
Que tout vous réussit, tout répond à vos vœux.

AULUFLÈDE.

Mon bonheur est complet, rien n'égale ma joie ;
Quel trésor de faveurs le ciel sur moi déploie !
Comme en un même jour ma fortune a changé !
Moi qui vis si long-temps mon amour outragé,
Je retrouve un époux n'aspirant qu'à me plaire,
Des enfants souriant à leur heureuse mère.
Mon cœur, mon pauvre cœur qui ne sut que gémir,
A peur de succomber sous l'excès du plaisir.
Vous jouirez, enfants, de mes douces étreintes,
Vous ne tremblerez plus effrayés de mes craintes,
Je n'aurai plus besoin, présidant à vos jeux,
De réprimer mes pleurs en vous voyant heureux.

Tant de félicité m'apparaît comme un songe,
Mais ces biens sont réels, sont à moi, je m'y plonge.

RADÉGONDE.

Je vous le disais bien que le ciel désarmé
Consolerait bientôt votre cœur alarmé.

AULUFLÈDE.

Ce jour pour tous les miens en bienfaits si fertile,
Pour les autres non plus ne sera point stérile ;
Clotaire à la terreur las d'avoir eu recours,
Pour rendre heureux l'Etat va suivre un autre cours.
Le peuple qui si tôt sait toutes les nouvelles,
Qu'on croirait qu'au palais il a ses sentinelles,
N'a-t-il point encor fait retentir l'air de cris ?
Dis-moi, paraissait-il heureusement surpris ?

RADÉGONDE.

Tout annonçait des maux l'heureuse délivrance,
Chacun dans le délire oubliait sa souffrance ;
Quand, sans qu'autour de moi rien l'eût fait pressentir,
Je vis, pleine d'effroi, tous les fronts s'assombrir ;
On se parle tout bas, une frayeur secrète
Se glisse dans la foule éperdue, inquiète ;
Tout fuit.

AULUFLÈDE.

          Quelque accident survenu sous leurs yeux
Les a fait déserter sans doute de ces lieux.
Car enfin tu n'as rien découvert ?... son absence.
(Elle court au-devant de Chramne.)

Scène deuxième.

RADÉGONDE, AULUFLÈDE, CHRAMNE.

AULUFLÈDE.

Vous faites désirer, Chramne, votre présence.
Volez, sans plus tarder, remplir votre dessein,
Votre père languit de presser sur son sein
Son fils, son tendre fils... Pourquoi ces regards sombres ?
Vous ne répondez rien ? son front se couvre d'ombres.

CHRAMNE.

Craignez de m'irriter dans l'état où je suis.

AULUFLÈDE.

Qu'entends-je ? quelle voix ?

CHRAMNE.

        Le but que je poursuis,
N'importe les moyens, il me faudra l'atteindre,
Par le feu, par le fer je saurai tout contraindre.

AULUFLÈDE.

Suis-je assez malheureuse, ô mon Dieu ! cet espoir,
N'eût-il pas mieux valu ne jamais l'entrevoir ?
Pourquoi l'avoir laissé pénétrer dans mon âme,
Pour me voir le jouet d'un artifice infâme ?
Résignée à mon sort, il fallait me laisser
Finir mes tristes jours, sans venir me bercer
D'un bonheur qui ne peut m'advenir en ce monde,

Je te l'avais bien dit, n'est-ce pas, Radégonde ?

CHRAMNE.

Eh ! madame, il suffit. J'irai dans cet endroit ;
Mais pour n'en plus sortir. Je suis trop à l'étroit
Dans la condition où m'enferme mon père ;
J'ai besoin, pour agir, d'une plus large sphère.
Qu'il laisse à ma vigueur le poids de son pouvoir,
Son bras appesanti ne peut plus le mouvoir ;
Qu'il m'arrache au plus tôt à cette vie obscure
Où se consume en vain ma bouillante nature.
Son trône, il me le faut. Un instant endormi,
J'ai senti mon néant, mon orgueil a frémi.

AULUFLÈDE.

Vous me faites horreur. Oh ! ce regard farouche
Ne dément point les mots que vomit votre bouche.
Qu'hésitez-vous ? venez... Aiguisez dans mon flanc
Ce poignard parricide... Arrosé de mon sang,
Il s'enfoncera mieux dans le sein de ce père
Que vous voulez ouvrir, ô monstre sanguinaire !
N'espérez pas du moins qu'un semblable forfait
S'accomplisse en silence, après ce que j'ai fait ;
On pourrait soupçonner que j'ai tendu le piège,
Pour assurer les coups d'une main sacrilège.
Frappez ; ou de ce pas je vais tout dénoncer.

CHRAMNE.

Imprudente ! quels mots vous osez prononcer !
Vous connaissez bien mal mon penchant pour le crime,

Pour venir, à mes yeux, vous poser en victime.

AULUFLÈDE.

Je le connais trop bien, et je ne prétends pas,
Par de frivoles pleurs, suspendre mon trépas,
Gardez-vous de penser que j'appelle à mon aide,
Pour mieux vous désarmer, cet impuissant remède.
C'est trop long-temps céder, à mon intention,
Donnez un libre cours à votre ambition.
Que les doux sentiments fassent place à vos haines,
C'est grand ! dégagez-vous de ces ignobles chaînes,
Epouse, père, enfants, sont-ce là des objets
Dignes de balancer un moment vos projets !

CHRAMNE.

Assez, madame, assez. Dans ce moment suprême,
Il faut savoir me taire et me vaincre moi-même.
Vous me pardonnerez cet excès de rigueur
Que j'exerce envers vous, certes à contre-cœur ;
Mais dans un tel moment, vous devez bien comprendre
Que je dois éviter de me laisser surprendre.
N'attribuez donc pas à la perversité
Tous les soins que je prends pour votre sûreté :
On veut sauver vos jours. A mes ordres soumise,
Allez attendre ailleurs la fin de l'entreprise.
Point de mots superflus, j'ordonne, je le veux ;
De causer vos chagrins je suis bien malheureux.
Amis, emmenez-la.

AULUFLÈDE *(se jetant à ses genoux).*

Pitié ! je vous en prie,

Chramne, pour vos enfants ; c'est leur voix qui vous crie.
Pouvez-vous rester sourd à leurs plaintifs accents ?
Pouvez-vous délaisser ces anges ravissants ?
Moi qui m'étais flattée, ah ! confiante mère !
De voir ces jeunes plants verdir sous l'œil d'un père,
Je les saurai livrés, sans soutien, sans appui,
Débiles orphelins, à la merci d'autrui !
Mais c'est par trop affreux, un tel penser me tue,
Prenez enfin pitié d'une épouse éperdue
Qui courrait avec vous affronter le trépas,
Si l'amour maternel ne la retenait pas.
Juste ciel ! un soupir s'exhale de son âme !
Rallumez dans son cœur cette céleste flamme
Qui, tout à l'heure encor, me remplissait d'espoir,
Quand un élan si beau le poussait au devoir.
Dites-moi, cher époux, que mon malheur vous touche,
Laissez-moi recueillir ce mot de votre bouche ;
Seriez-vous assez dur pour voir saigner un cœur
Que, d'un mot, vous pouvez transporter de bonheur !
Rendez-moi votre amour, le seul bien que j'envie,
Chramne, mon bien-aimé, mon trésor et ma vie !
O mon Dieu ! par quels mots pourrais-je l'attendrir ?
Ma tête s'affaiblit, et je me sens mourir.
            (Se relevant vivement).
Vous détournez vos yeux où la fureur pétille...
Vous haïssez donc bien toute votre famille...
Ni prières, ni pleurs, rien ne peut vous toucher,
Ame d'airain battant dans un corps de rocher.
Va, trop barbare époux, va, père sans entrailles,
Va repaître tes yeux de l'horreur des batailles,

De l'auteur de tes jours va répandre le sang,
Armé de ton poignard, va, va percer son flanc !
Mais le ciel entendra le cri de ta victime,
Sur moi, sur mes enfants, il poursuivra ton crime,
Il nous faudra subir son juste châtiment,
De ta race il ne peut laisser un élément.

(On l'emmène sur un signe de Chramne.)

Mes fils ! je veux mes fils !

(Grimoald survient au moment qu'on l'emmène.)

Scène troisième.

CHRAMNE, GRIMOALD.

GRIMOALD.

Reprenons notre ouvrage.
Entendez-vous gronder, rugir au loin l'orage ?
De vos brllants destins l'heure vient de sonner.
Nous n'avons qu'un moment pour bien examiner
Les moyens les plus sûrs d'assurer votre règne.

CHRAMNE.

Délibérer, pourquoi ? Déployons notre enseigne
Au fort de la mêlée et dans le premier rang.
On pourrait soupçonner que j'épargne mon sang.

GRIMOALD.

Réprimez votre ardeur. De tout ce qui se passe
Vous n'avez jusqu'ici qu'entrevu la surface ;
Apprenez-en le nœud.

CHRAMNE.

Que vas-tu révéler ?

GRIMOALD.

Clotaire connaît tout. J'ai dû lui dévoiler
Les principaux fauteurs du complot régicide.

CHRAMNE.

Et tu viens me le dire, âme basse et perfide !

GRIMOALD.

Gaulois, accablez-moi de ces noms odieux !
Pour vous, doutez au moins ; je suis devant vos yeux.
J'ai voulu vous servir par cette découverte,
Le roi m'a confié le soin de votre perte.

CHRAMNE.

Que prétends-tu donc faire ?

GRIMOALD.

                        Il ne se doute pas
Qu'on puisse autour de lui méditer son trépas.
Chaque soldat pourtant, fidèle à sa consigne,
Est prêt à l'immoler sur un mot, sur un signe.

CHRAMNE.

Tu disposes dès-lors et du père et du fils.

GRIMOALD.

Le destin de tous deux en mes mains est remis.
Je vais vous exposer mes justes exigences ;

Mais avant, apprenez les services immenses
Que j'ai su rendre encore à votre autorité :
La révolte éclatait au cri de liberté,
Vous étiez désigné pour seconde victime,
Je l'étouffai d'un coup, la plongeai dans l'abîme.
Si nos Gaulois tentaient, las d'un joug odieux,
De recouvrer leurs droits, objet de tous leurs vœux,
Leurs noms nous sont connus, par un coup infaillible
Nous rendrons pour long-temps tout complot impossible.
Je vous laisse l'éclat du souverain pouvoir,
Dédaignez les dégoûts d'un pénible devoir ;
Tel est le plan conçu, médité dans ma tête,
A moi, les soins ; à vous, le prix de la conquête.

CHRAMNE.

Quoi ! tu voudrais de moi faire un prince à demi,
Mannequin glorieux, sur un trône endormi !
Ce serait pour gagner, mériter un tel titre,
Qu'affrontant le courroux du souverain arbitre,
Dans le sang, dans le crime avançant sans effroi,
J'aurais fait tressaillir tout l'enfer devant moi !

GRIMOALD.

Vous m'en aviez donné vous-même la promesse.

CHRAMNE.

Espérais-tu trouver en moi tant de faiblesse ?

GRIMOALD.

Mais ce trône pour vous, par moi s'il est conquis ?

CHRAMNE.

Bien soumis et tremblant tu m'y verrais assis.

GRIMOALD.

Où serait la raison, pour un vil ministère,
Au péril de mes jours, de trahir votre père ?
Pour obtenir de vous la même autorité,
Sans des gages plus sûrs pour sa stabilité ?
Ce serait-là le prix de tant de fourberie,
Voilà pourquoi j'aurais renié ma patrie ?

CHRAMNE.

Tu ne pouvais douter qu'un homme tel que moi
Une fois au pouvoir serait tout-à-fait roi.

GRIMOALD.

Ainsi de mes travaux la digne récompense
Serait de fatiguer la cour de ma présence !

CHRAMNE.

Le second dans l'Etat par les biens, par l'honneur,
Ne comptes-tu pour rien ce comble de faveur ?

GRIMOALD.

Faites plus. Du palais proclamez-moi le maire,
Déclarant cette charge unique, héréditaire.

CHRAMNE

Jamais ; non, non, jamais.

GRIMOALD.

    Pesez bien tous vos mots.

CHRAMNE.

Traître ! crains ma fureur.

GRIMOALD.

Le roi sait vos complots.

CHRAMNE.

J'irai les confesser, lui demander ma grâce.

GRIMOALD.

Vous trouverez la mort.

CHRAMNE.

Ton fol orgueil me lasse.

GRIMOALD.

Aveugle !

CHRAMNE.

Arrête... Il fuit... Berthold vient furieux.

Scène quatrième.

CHRAMNE, BERTHOLD.

BERTHOLD.

Traîtres, faux conjurés, montrez-vous à mes yeux,
Fournissez une proie à ma fureur extrême,
Je saurai vous atteindre au fond de l'enfer même !
Je ressens à mon tour, Rainfroy, cette douleur
Qui n'entend, qui ne voit partout que son malheur.

CHRAMNE.

Je comprends tout.

BERTHOLD.

Rainfroy que le corroux transporte,
Au palais, ce matin, court presque sans escorte,
Il s'approche sans bruit, attentif, vigilant...
Soudain s'offre à nos yeux un spectacle sanglant :
On croirait sous ses pieds entendre le tonnerre,
Des bataillons serrés sortent de dessous terre,
Nos amis arrêtés sont tous assassinés ;
Rainfroy veut retenir ces soldats forcenés,
Il se nomme, à leurs coups il présente la tête,
On l'entraîne. Moi seul j'échappe à la tempête.
Où se tient Grimoald ?

CHRAMNE.

Le traître s'est enfui.

Il a tout découvert.

BERTHOLD.

Qui vous l'a dit ?

CHRAMNE.

Lui.

BERTHOLD.

Lui?

CHRAMNE.

A l'instant. A mes yeux son âme s'est ouverte ;
De moi-même, après vous, il a juré la perte.

BERTHOLD.

Nous trahir, lui, Gaulois ! Honte à jamais pour nous !
Cette triste pensée augmente mon courroux.
Voilà donc le secret de l'ardeur incroyable
Que semblait déployer cet homme insatiable !
Sans vouloir pénétrer les projets de chacun,
Concentrons nos efforts sur l'ennemi commun.

CHRAMNE.

Il dispose de tout, du roi même il est maître.

BERTHOLD.

Pénétrons jusqu'au roi pour démasquer le traitre.

CHRAMNE.

Mille bras sont levés pour nous fermer le port.

BERTHOLD.

S'il nous faut succomber, vendons cher notre mort.

CHRAMNE.

Je courrais au-devant du plus affreux supplice,
Pour découvrir au roi ce perfide complice.

BERTHOLD.

Du sombre abîme, moi, je braverais les feux,
Pour sauver, par ma mort, mon ami malheureux.

CHRAMNE.

Avisons un moyen de venger notre outrage.

BERTHOLD.

Ecoutons les conseils que suggère la rage.

Je brûle d'immoler cet imfâme assassin.
Sous nos coups redoublés frayons-nous un chemin.
Moi, vers ce fier guerrier qui se cache sous terre,
Vous, vers le palais... Non, tout mon cœur se resserre.
Rainfroy m'attend, je cours l'arracher au trépas,
C'est vers ce lieu maudit qu'il faut porter mes pas.

CHRAMNE.

Oh! des siècles futurs que la voix te condamne,
Exécrable ministre! et que le Ciel te damne.
Quel nom j'ai prononcé! Fils barbare et cruel,
Tout ce qui s'accomplit est un arrêt du Ciel.
Vous, grand et noble cœur! évitez ma présence.
Est-ce à moi de songer à demander vengeance?
Père dénaturé, dur, inflexible époux,
J'ai mérité de Dieu le trop juste courroux ;
Mes crimes, dans sa main, ont allumé la foudre
Qui ne saurait tarder de me réduire en poudre.

BERTHOLD.

Quelle que soit la fin réservée à tous deux,
La mort de Grimoald doit borner tous nos vœux.
Adieu, sublime erreur ; adieu, rêves de gloire !
Ce jour de nos Gaulois voit finir la mémoire.

Scène cinquième.

GRIMOALD, GARDES.

GRIMOALD.

De ces hommes suivez assidûment les pas,

Que vos yeux attentifs ne se détournent pas,
Votre tête en répond ! Et votre récompense
Sera proportionnée à votre diligence.
L'un d'eux, croyant trouver un refuge assuré,
Va bientôt s'enfoncer dans un bois retiré ;
Qu'il y trouve un tombeau ! Cerné dans sa demeure
Qu'il entende aussitôt sonner sa dernière heure.
Songez, pour mieux frapper, que ces hommes sans foi
Ont formé le projet d'immoler notre Roi.

(Il reste seul.)

Chramne, tu l'as voulu...Ton superbe courage
Crut ruiner, d'un coup, l'habile échafaudage
Où j'avais consacré tous mes soins, tous mes ans !
Tu vas payer bien cher le mépris de mes plans.
Je préparais un trône à ton esprit docile,
La mort sera le prix de ton humeur mobile.

FIN DU QUATRIÈME ACTE.

ACTE CINQUIÈME.

La scène est le palais de Clotaire.

Scène première.

RAINFROY SEUL.

Qui pourrait pénétrer tes secrets, ô mon Dieu !
On m'épargne la vie, on m'amène en ce lieu.
Est-ce toi qui retiens l'effet de leur colère,
Pour ne point outrager les droits sacrés d'un père?
Ou peut-être ce roi, dans sa férocité,
Désire-t-il goûter la douce volupté
D'égorger un vieillard, dernier de sa famille !
Que ne peut-il ourdir? qu'a-t-il fait de ma fille ?
Quel motif si puissant le force à s'arrêter ?
Veut-il savoir jusqu'où je puis le détester?
Eh bien ! qu'il vienne donc entendre de ma bouche
Tout ce que j'ai couvé dans ma haine farouche.

Scène deuxième.

RAINFROY, BERTHE.

RAINFROY, *apercevant Berthe.*

Dans cet affreux séjour, qui frappe mes regards ?

Ces traits, cet air, ces yeux...Le plus doux des hasards
T'amène dans mes bras, ô seul bien qui me reste !
Je dois bénir ce jour que j'ai cru si funeste.
Laisse encor, laisse-moi te serrer dans mes bras,
Berthe, ma tendre fille échappée au trépas.
Fixe, attache tes yeux sur les yeux de ton père,
Toi, le vivant portrait de ta divine mère !
Serrons-nous fortement pour ne plus nous quitter ;
Armé de ce trésor, qui peut me résister ?...
Le malheur sur tes traits a gravé son passage,
Ciel ! en si peu de temps quel horrible ravage !
O mon ange chéri ! quel excès de douleur
A couvert ton beau front d'une affreuse pâleur ?
Epanche dans mon sein, sans art et sans étude,
Tes chagrins, tes tourments, sois sans inquiétude.

BERTHE.

Faut-il, par mon récit, faire saigner ce cœur
Succombant sous le poids de sa propre douleur ?
Vous peindrai-je ce roi, dont le vieux corps vacille,
Se flattant de forcer une timide fille
A partager sa couche, alors que l'assassin
De ma mère égorgée étalait le destin ;
Ce farouche tyran, consommé dans le crime,
Vaincu par le regard de sa faible victime,
Se jetant à mes pieds, et, d'un ton suppliant
Cherchant à m'attendrir, humble et vil mendiant ;
Las enfin de subir mes refus ordinaires,
Promettant de fixer un terme à nos misères,

Et d'arrêter l'effet de son trop long courroux,
Si je veux l'accepter aujourd'hui pour époux.

RAINFROY.

Pour époux ! lui ?... Satan doit écumer de rage,
De se voir surpassé par ce monstre sauvage.
Mais n'est-il pas encor tout dégouttant du sang
De celle qui neuf mois te porta dans son flanc ?
Ton époux ! Mais du ciel que fait donc la colère,
Pour ne point foudroyer... Ton époux ?... moi... son père!
Mais tu te trompes, Berthe, un semblable dessein
N'a pu jamais entrer dans l'esprit d'un humain.

BERTHE.

Et toutefois lui-même en ce lieu va paraître,
Pour prix de nos refus il nous fera connaître
Quel genre de supplice il a su concevoir,
Appelant à son aide un infernal pouvoir.
« Ton père, entends-tu bien, à mes vœux doit souscrire,
Presse-le, » m'a-t-il dit. Un sinistre sourire
M'a laissé découvrir la hideuse noirceur
Dont il est tout pétri. J'en ai frémi d'horreur !
Je l'ai vu contracter, déplisser son visage,
Comme un tigre affamé qui s'apprête au carnage.
Mais si, par ses trésors, il n'a pu m'éblouir,
Pense-t-il, par le fer, me contraindre à fléchir ?

RAINFROY.

Le ciel m'en est témoin, noble et bien digne fille,
Je puis envisager, sans que mon front sourcille,

Les plus cruels tourments qu'en sa noire fureur,
Machine contre moi cet ennemi sans cœur.
Ton courage, au besoin, me servira de guide,
J'aurai devant les yeux ton image candide
Terrassant le tyran sans l'avoir combattu,
N'ayant pour résister que ta seule vertu.
Après un tel succès, j'aurais tort de me plaindre,
Quand je l'eusse frappé, pouvais-je mieux l'atteindre?
Mais, tout mon sang se glace à cet affreux penser !
S'il devait, sous mes yeux, dans mes bras, te percer
Comme il fit... tu souris!... avec ta pauvre mère ?

BERTHE.

Nous rejoindrons au ciel sa belle âme si chère.

RAINFROY.

Merci, mon Dieu, merci ; rempli de cet espoir
Je suis prêt à braver, Clotaire, ton pouvoir.

Scène troisième.

RAINFROY, BERTHE, CLOTAIRE.

CLOTAIRE.

Vous connaissez, Rainfroy, ma volonté dernière ;
A mes ordres j'exige obéissance entière.
Acceptez, tous vos torts vous seront pardonnés.

RAINFROY.

Est-ce assez insulter à des infortunés !

Peut-on pousser plus loin la fourbe et l'impudence ?
Nous reprocher des torts, quand c'est nous qu'on offense.

CLOTAIRE.

Avec plus de respect parlez à votre roi.

RAINFROY.

Tout gorgé de mon sang, moi te respecter, toi !
Ecoute et pèse bien mes dernières paroles,
Je ne t'ennuîrai point de mes plaintes frivoles :
Tu m'as fait ressentir le comble du malheur !
Mais tes coups sont entrés trop avant dans mon cœur,
Pour n'y point allumer les feux de la vengeance.
Sais-tu ce qu'enfanta mon esprit en démence ?
Jaloux de surpasser ta sombre cruauté,
J'appris à m'endurcir dans la férocité,
Et ne respirant plus que haine, que colère,
Je résolus d'armer le fils contre son père !
J'espérais de punir, par un double trépas,
Sur ce qui m'était cher tes lâches attentats.
Je ranimai souvent le feu prêt à s'éteindre !
Si Chramne balançait, je savais le contraindre
A poursuivre le but où je l'avais poussé,
Lui montrant à mon plan son triomphe enlacé.
Il croyait, l'insensé ! que de grandeur avide
Je cherchais l'aliment de mon âme cupide.
Dans ce soulèvement, il ne voyait que lui,
Il daignait me nommer son plus fidèle appui.
Il s'apprêtait déjà, que le ciel me pardonne !
A ceindre, par mes mains, son front de la couronne.

J'avais mis un tel art à cacher mes desseins,
J'avais si bien versé le fiel dans tous les seins,
Que ceux qui dans ta mort croyaient trouver la gloire,
Devaient s'ensevelir dans leur propre victoire.
Tu devais le premier succomber sous mes coups,
Je comptais, pour ton fils, sur la fureur de tous.

CLOTAIRE.

C'était hardi, profond, je dois le reconnaître,
Vous deviez l'emporter. Enfin, je suis le maître ;
Vaincu sans nul espoir, soumettez-vous au sort.
Courrez-vous follement au-devant de la mort ?
Différent du vulgaire, un homme de mérite
Sur les faits accomplis sait régler sa conduite,
Et satisfait d'avoir défendu votre honneur,
Rendez-vous à la voix d'un généreux vainqueur.

RAINFROY.

Qui ? moi ! je courberais servilement la tête,
Je manquerais de cœur au fort de la tempête ?
Vous n'avez pu le croire. A mon destin soumis,
Je subirai la mort sans froncer les sourcils.
Faut-il, par mes discours, exciter votre rage,
Jusqu'où souhaitez-vous que je pousse l'outrage ?
Je vous hais plus que tout, monstre d'iniquité,
J'accueille avec dédain votre fausse bonté.
Préparez vos tourments ; à mon impatience
Ne venez point offrir une indigne clémence.
Honteusement vaincu près d'une faible enfant,
Du père espérez-vous être enfin triomphant ?

CLOTAIRE.

Pour cette enfant du moins ménagez ma colère.

BERTHE.

Sa fille approuve tout, tout ce que dit son père.

CLOTAIRE.

Vous pourriez vous tromper sur ma facilité.

RAINFROY.

Ciel ! ne profanez point le nom d'humanité.

CLOTAIRE.

Non ; c'est trop abuser tous deux de ma faiblesse,
J'étouffe dans mon cœur cette folle tendresse.
J'inventerai pour vous d'atroces châtiments,
Je rirai de vos cris au milieu des tourments.
C'est pousser un peu loin votre insolente audace.
On brave mon courroux, que dis-je ? on me menace.
Oh ! tremblez.

Scène quatrième.

Clotaire va au-devant de Grimoald ; Rainfroy et Berthe se retirent au fond
de la scène.

CLOTAIRE.

Grimoald, sommes-nous affranchis
Des trames qu'ourdissaient nos hardis ennemis ?

GRIMOALD.

Il fallait extirper jusques à la racine

4

Ce mal contagieux, qui de plus en plus mine
D'un pouvoir envié les récents fondements.
Ma tâche est accomplie. Encor quelques moments,
Et le dernier soutien de ce projet infâme
Aura trop justement expiré dans la flamme.

(Apercevant Rainfroy.)

Dieu ! Rainfroy vit encor !

RAINFROY *s'avançant.*

Tu détournes les yeux,
Tu fais bien de cacher ton visage odieux,
Trafiqueur de serments. Oh ! tu serais bien digne
Qu'on te jetât aux chiens, comme un brigand insigne.

CLOTAIRE.

Il s'est couvert de gloire en servant bien son roi,

GRIMOALD *au roi.*

De veiller sur vos jours je me fis une loi,

CLOTAIRE.

On ne connut jamais ministre plus fidèle.

GRIMOALD.

Je savais les clameurs qu'exciterait mon zèle,
Il est vrai, j'eus recours à d'habiles moyens
Pour saisir du complot les plus subtils liens,

RAINFROY.

Tu devrais de l'enfer avouer l'assistance,

CLOTAIRE.

Il m'a sacrifié plus que son existence,

Oui, quand déjà sur moi fondaient mes ennemis
Tout prêts à m'égorger, au signal de mon fils,
Lui seul a su parer à ce péril extrême,
En livrant tout pour moi, jusqu'à son honneur même.

RAINFROY.

Arrêtez... Ah ! ce mot le couvre de rougeur.

CLOTAIRE.

Tremblez d'injurier plus long-temps mon sauveur.

RAINFROY.

Votre sauveur ! c'était pour mieux sauver Clotaire
Que tu poussais le fils à détrôner son père ?

GRIMOALD.

Quand je vis que mes soins devenaient superflus,
Qu'à renverser le roi tous étaient résolus,
Il me fallut agir avec plus de sagesse.

RAINFROY.

Dieu me garde, avec toi, de lutter de finesse !
Mais je t'ai vu jeter le venin dans son cœur,
Je t'ai vu, Dieu m'entend, attiser sa fureur.
Car enfin, un moment son repentir sincère
Semblait à tous les deux nous devenir contraire.
Dirai-je tes efforts, tes conseils spécieux,
Pour empêcher son fils d'approcher de ces lieux ?
Ose me démentir... moi, j'expose mon crime :
Il fallait à ma rage une double victime !
Mais toi...

GRIMOALD.

N'en croyez rien.

CLOTAIRE.

Ton cœur m'est bien connu.

RAINFROY.

Vous le connaîtrez mieux, je vais le mettre à nu.
Oui, je pénètre enfin ta secrète pensée
Que me voila long-temps ma fureur insensée :
Tu sus faire servir ta propre nation,
Judas ! de marche-pied à ton ambition :
C'était peu, Chramne encor que l'orgueil aiguillonne,
Maintiendrait fermement les droits de sa couronne,
Mettrait jusques au bout obstacle à tes desseins,
Il fallait l'écraser... Dieu ! mais par quelles mains ?
Un cœur comme le tien choisit-il ses victimes ?
Tremble-t-il d'accomplir les plus horribles crimes ?
L'œil fixé sur le trône, aspirant au pouvoir,
Sur ses débris fumants tu cours sans t'émouvoir.
Tu te tais maintenant. T'ai-je bien fait connaître ?

BERTHE

O mon père, accourez ; ne vois-je point paraître
Berthold chargé de fers, traîné par des soldats !
Le peuple en gémissant accompagne ses pas.
On l'amène en ces lieux. A son front doux et calme
On dirait d'un martyr qui va cueillir la palme.

Scène cinquième.

CLOTAIRE, GRIMOALD, RAINFROY, BERTHE, BERTHOLD, SOLDATS.

(Tous, à l'exception de Grimoald, se portent au-devant de Berthold amené chargé de chaînes, par des soldats. On lui ôte ses fers.

GRIMOALD *à part.*

O génie impuissant! de mes travaux quel fruit!
O fureur! tant d'efforts une heure a tout détruit.
Quelle honte pour moi, pour eux quelle victoire?
De mes crimes, Berthold vient compléter l'histoire.

BERTHOLD.

Sans craindre la rigueur de vos arrêts, ô roi,
J'ai, pour venir vers vous, trouvé la force en moi.
J'ai voulu m'acquitter de la sainte promesse
Donnée à votre fils plongé dans la détresse.
Pourriez-vous repousser le dernier de ses vœux !
Je viens sur vos périls vous dessiller les yeux.

CLOTAIRE.

Je crains, à ces seuls mots, d'entrevoir la lumière.
O père infortuné !

BERTHOLD.

                    La confiance entière
Que vous avez placée en cet homme trompeur,
Il s'en sert pour creuser un abîme d'horreur
Qui doit vous engloutir et tout ce qui vous reste,

S'il n'est point arrêté dans son dessein funeste.
Lui seul a perverti votre fils malheureux,
Lui seul entretenait ses projets monstrueux.
En embrassant le fils, en caressant le père,
Il distillait sur eux sa bave de vipère ;
De leur haine il faisait fermenter le levain,
Pour mieux faire tomber leur pouvoir dans sa main.
Mais Chramne pénétrant tantôt son stratagème,
Jura qu'il aimait mieux briser le diadème
Que de voir amoindrir en lui l'autorité.
Tremblant pour son destin, ce ministre irrité,
Pour conjurer l'effet de sa rage indiscrète,
Pressa de votre enfant la ruine complète ;
Et ces mêmes soldats qui m'ont conduit ici,
Avaient ordre par lui de l'immoler aussi.

CLOTAIRE.

Non, tout n'est pas perdu. Chramne a su, par la fuite,
Se soustraire à ses coups ; qu'on le cherche bien vite.
Le temps presse, Berthold, cours, ordonne en mon nom,
Tu pourras, à ce prix, obtenir ton pardon.

GRIMOALD.

Roi, toute tentative à présent serait vaine.
Voyez-vous s'élever ces flammes dans la plaine ?
Leur terrible clarté rougit au loin le ciel,
Là s'accomplit pour vous un regret éternel.
Chramne et les siens traqués au fond d'une chaumière,
Ne pouvaient échapper à leur heure dernière ;
Mais j'étais inquiet, je ne respirais pas,

Que je n'eusse assisté moi-même à son trépas ;
Prenant, dans mon ardeur, une torche allumée,
Je partis, quand je vis sa demeure enflammée.

CLOTAIRE.

Scélérat ! mais... tu mens... Couvert du sang d'un fils
Viendrais-tu t'en vanter à son père ? et tu vis !
Tu vis ! L'injuste ciel... Le désespoir m'emporte.
Pour un père, ô mon Dieu ! cette épreuve est trop forte !
Moi-même je saurai mieux que tous les bourreaux,
Arracher, déchirer tes membres en lambeaux.
Mon supplice est affreux. J'entends vos cris de joie,
Ministres de Satan, torturez votre proie.
(Des spectres apparaissent au fond de la scène).
Un nuage sanglant s'étend devant mes yeux.
Quels spectres menaçants accourent dans ces lieux ?
Comme ils dardent sur moi, tous, leurs regards de flamme.
Mon fils, Chramne, mon fils... prends pitié de mon âme !
(Levant le fer sur Grimoald).
Traître, c'est dans ton sang, c'est par ton prompt trépas...
Ma vigueur me trahit, je sens trembler mon bras,
Je me soutiens à peine. Eternelle justice !
Accable-moi de coups, mais punis mon complice.
(A Rainfroy).
Mes crimes sont les siens ; je le jure, Rainfroy.
Tiens, saisis ce poignard. Venge-toi, venge-moi,
Frappe. . Qu'hésites-tu ?

RAINFROY,

Tu frissonnes, ma fille !

CHRAMNE.

CLOTAIRE.

Ce sang rappellerait le sang de ta famille !
Exécrable forfait, source de mes malheurs !
Oui, fuis, fuis, pauvre enfant, ce séjour plein d'horreurs.

BERTHOLD.

Qu'on me donne ce fer.

GRIMOALD.

        Apprends à me connaître ;
Le mal que je t'ai fait, tu l'ignores peut-être.
Tes amis assemblés au fond de la forêt
Devaient, avant d'agir, attendre ton arrêt ;
Leur nombre s'accroissait, grossissant d'heure en heure,
Je les enveloppai dans leur sombre demeure,
Pas un seul n'échappa.

BERTHOLD.

        D'une profonde horreur
Qui ne sentirait pas se soulever son cœur
A tant d'atrocités, à tant de barbarie
Unie à tant d'audace, à tant de fourberie ?
Reptile venimeux, te glissant parmi nous
Tu cherchais, tu marquais la place de tes coups.
Oh ! la mort par le fer est trop courte et trop belle.
Mais Dieu, le juste Dieu t'en garde une éternelle.
Amis, braves amis, combien je vous fus cher !
Tiens... Rends ton âme noire au cachots de l'enfer.

FIN DU CINQUIÈME ET DERNIER ACTE.